AF343162

LA FORTUNE

VIENT EN DORMANT,

PANTOMIME EN TROIS ACTES,

Mêlée de Danses,

Par M. HENRY;

Représentée, pour la première fois, à Paris, sur le théâtre
de la Porte Saint-Martin, le 10 septembre 1822.

Prix : 50 centimes.

PARIS,

CHEZ QUOY, LIBRAIRE,

ÉDITEUR DE PIÈCES DE THÉATRE,

Boulevard Saint-Martin, N°. 18.

1822.

PERSONNAGES.	ACTEURS.
La Fortune . . . . Mmes.	*Juliette.*
La Comtesse Mathilde	*Henry-Quériau.*
Emma, fille d'honneur de la Comtesse.	*Bégrand.*
Udilla , Sorcière	*St.-Amand.*
Myrtile	*Florentine.*
Enaïs . . . . Suite de la	*Pierson.*
Chloé . . . . Sorcière.	*Nanine-Nara.*
Rose d'Amour	*Louise Pierson.*
Le Comte Ernest . . . . Mrs.	*Télémaque.*
Ménandre , Bûcheron	*Henry.*
Un Magicien	*Pierson.*

Jeunes filles de la suite de la Sorcière.

Dames , Chevaliers , Sorciers , Masques, Paysans, Paysannes, etc. etc.

La scène se passe en Italie.

De l'Imprimerie de Nouzou, rue de Cléry, n°. 9.

DANSES.

Leçon de Danse.

M. Henry. Mlle. Nanine-Nara.

Leçons d'escrime.

L'épée.

M. Henry. Mme. Pierson.

Le Sabre.

M. Henry. Mlle. Florentine.

Chasse.

Mmes. Pierson, Florentine, Nanine-Nara, Louise Pierson, Thompson, Virginie.

Carousel.

M^{rs}. Ahn aîné, Ahn cadet, Tournois, Huttin, Norman, Marchand, Arène, Boutet.

Pas de trois.

M^r. Télémaque. Mlles. Florentine, Nanine-Nara.

Combats à la Hache.

M^{rs}. Télémaque, Ahn frères.

Combat au Sabre.

M^{rs}. Télémaque, Henry.

Pas de deux d'action.

M. Henry. Mlle. Bégrand.

Bal masqué.

Tarentelle.

M^{rs}. Henry, Télémaque, Alexis. Mmes. Juliette, Florentine, Nanine-Nara, Louise Pierson.

Allemande.

M. Henry. Mmes. Juliette, Florentine, Bégrand, Nanine-
Nara.

Anglaise générale.

AU TROISIÈME ACTE.

Pas de deux.

M. Alexis. Mme. Pierson.

Pas de six.

M. Henry. Mmes. Juliette, Florentine, Bégrand, Nanine-
Nara, Louise Pierson.

LA FORTUNE

VIENT EN DORMANT,

PANTOMIME EN TROIS ACTES.

ACTE Ier.

Le théâtre représente une forêt ; à gauche, la grotte de la sorcière Udilla.

Le bûcheron Ménandre coupe du bois pour le porter à la ville : accablé de fatigue, il abandonne l'ouvrage avec humeur, accuse le sort de tous les tourmens qu'il éprouve et tombe dans une profonde mélancolie. Il aime avec passion, et pour comble de maux, sans espoir ! Assis sur un banc de gazon, il gémit, il soupire ; tout à coup ses yeux s'appesantissent, il s'endort.

La Fortune traverse la forêt. L'inconstante et capricieuse déesse a vu Ménandre, le trouve à son gré, veut le protéger ; elle appelle la sorcière Udilla, lui recommande son nouveau favori et s'éloigne.

Ménandre s'éveille en sursaut. Une créature céleste lui est apparue en songe ; il croit encore la voir, veut la suivre, et s'enfonce dans la forêt.

D'après l'ordre de la Fortune, Udilla rassemble les

jeunes filles de sa suite, les fait ranger en cercle, et commence ses conjurations.

Ménandre revient; c'est en vain qu'il a parcouru tous les sentiers, il n'a pas rencontré la beauté qui était venue charmer son sommeil. La présence d'Udilla lui fait plaisir, il l'interroge et lui dépeint celle qu'il a vue en songe. La sorcière lui prédit les plus brillans destins; lui fait apporter des habits de chevalier; donner des leçons de grâces, de musique, d'armes; lui fait apercevoir dans un tableau magique celle qu'il aime, la lui promet en mariage et l'engage à se rendre au tournois que donne la comtesse Mathilde aux chevaliers du pays. Ménandre part en remerciant Udilla. Les jeunes filles l'accompagnent.

Le théâtre change et représente l'enceinte du tournois, dans le parc de la comtesse Mathilde. Un trône est préparé pour elle, des gradins pour les dames.

La Comtesse et les dames de sa suite viennent prendre place, les chevaliers défilent devant elles; le tournois commence. Le prix est la main de la comtesse Mathilde; chaque chevalier le dispute avec opiniâtreté; enfin la victoire se déclare pour le comte Ernest. Il se dispose à réclamer la récompense promise, lorsqu'un chevalier inconnu vient la lui disputer.

Le Comte, indigné de l'audace du chevalier, fond sur lui avec impétuosité, et se voit désarmé. Honteux de sa défaite et de la générosité de son vainqueur, qui lui accorde la vie, il se retire la rage dans le cœur; ses regards annoncent la vengeance.

Ménandre dépose aux pieds de la Comtesse son épée triomphante. Emma lui présente une couronne. Les traits de la Comtesse ne produisent aucune impression sur Ménandre ; ceux d'Emma, qu'il adore et qu'il retrouve à la cour de la Comtesse, rallument dans son cœur un feu dévorant. Emma éprouve le même sentiment ; la Comtesse de son côté devient éprise de Ménandre et paraît n'aspirer qu'au moment de donner sa main au nouveau chevalier.

Fin du premier acte.

ACTE II.

————

Le théâtre représente un bosquet ; à droite, la statue de l'Amour.

Triste et rêveuse, Emma cherche la solitude pour connaître l'état de son cœur.

La Fortune amène Ménandre ; lui fait voir celle qu'il aime, déposant une branche de myrthe au pied de la statue de l'Amour ; lui conseille de profiter d'un moment aussi favorable, sourit, et disparaît.

Ménandre aborde Emma. La vue d'un chevalier cause une grande frayeur à la jeune fille ; elle veut fuir, Ménandre l'arrête, la rassure, tombe à ses genoux, lui déclare sa passion, et la conjure d'y répondre. Emma tremble, rougit, cependant elle cède au penchant qui l'entraîne, et jure à son amant une fidélité éternelle. Mais comment jouiront-ils du bonheur qu'ils se promettent ; Ménandre ne doit-il pas épouser Mathilde ? Il rassure encore Emma, lui jure qu'il n'a pas d'amour pour la Comtesse, et lui propose enfin de fuir une cour où ils ne sauraient être que malheureux. Emma sent alors la faute qu'elle vient de commettre. Qui pourra la dérober au courroux de la Comtesse ? Ménandre veut l'entraîner, elle s'échappe des bras de son amant et fuit vers le château.

Le théâtre change et représente une galerie gothique.

Une fête est préparée, un bal masqué doit être donné en réjouissance du mariage de la Comtesse et de Ménandre.

Mathilde s'aperçoit bientôt que Ménandre suit un masque, lui parle avec mystère et semble projetter un enlèvement. Dévorée de jalousie, elle dissimule cependant, et donne des ordres secrets pour s'opposer au dessein de Ménandre ; les amans sont entourés au moment où ils allaient prendre la fuite. Mathilde arrache le masque de sa rivale et reconnaît Emma. Indignée de se voir trahie par l'une de ses femmes, elle ordonne qu'elle soit arrêtée : Ménandre tombe aux genoux de la Comtesse, s'excuse de ne pouvoir accepter sa main, avoue qu'il adore Emma. Cet aveu trop sincère redouble le courroux de Mathilde ; elle veut que le couple amoureux soit chargé de chaînes. Un grand bruit se fait entendre dans la galerie.

Suivi de chevaliers armés, le comte Ernest accourt pour s'opposer au mariage de Mathilde et de Ménandre. Il menace la Comtesse des plus affreux malheurs, si elle ne le prend pas pour époux. Mathilde, indignée, ordonne à ses chevaliers de laver dans le sang du Comte l'affront qu'elle vient de recevoir. Ménandre s'y oppose ; et pour éviter le carnage, propose au Comte de terminer leurs différens dans un combat singulier. Ernest accepte, et tous deux sortent en se menaçant.

Fin du deuxième acte.

<hr>

ACTE III.

Le théâtre représente une chambre gothique.

—————

Dévorée par la jalousie, la Comtesse forme les plus affreux projets. Elle fait appeler Emma.

La jeune fille paraît en tremblant devant sa maîtresse : Mathilde l'accuse de lui avoir enlevé le cœur de son amant. En vain Emma cherche à se justifier, à l'appaiser, et demande à fuir loin du château. La fureur de Mathilde augmente encore, elle rejette les prières d'Emma, refuse de la laisser partir, et lui fait présenter une coupe empoisonnée.

Ménandre, vainqueur du comte Ernest, entre au moment où Emma porte la coupe à ses lèvres, la lui arrache et la jette à terre. Mathilde confondue, n'ose lever les yeux. Ménandre se prosterne à ses pieds, la conjure de pardonner à sa rivale, et de ne faire tomber son courroux que sur lui seul. Mathilde, dévorant sa jalousie, feint de pardonner, mais à la condition pourtant qu'Emma devra choisir un époux parmi les chevaliers de sa suite. Emma hésite, Mathilde veut être obéie. Le signal du départ pour la cérémonie est donné.

Le théâtre change et représente un bosquet comme au deuxième acte.

Les chevaliers, les dames de la cour se sont réunis pour assister à la cérémonie du mariage de Mathilde et de Ménandre, et en même temps être témoins du choix que doit faire Emma. La jeune fille refuse d'obéir à un ordre aussi cruel ; Mathilde commande qu'il s'exécute, espérant par ce moyen détacher entièrement Ménandre d'Emma. Vain espoir ! Emma préfère la mort. La Comtesse menace, ordonne de nouveau qu'elle choisisse un époux ou Ménandre va périr ! ! Emma n'hésite plus ; elle consent à s'immoler pour sauver celui qu'elle aime. Ménandre, que tant d'amour transporte, se précipite dans les bras d'Emma ; tous deux veulent mourir. Mathilde ne peut supporter un pareil spectacle ; elle ordonne qu'on les sépare, les fait charger de chaînes et conduire dans les cachots. Mais changeant tout à coup de pensée, elle les rappelle : un nouveau projet semble l'occuper ; puisqu'ils s'aiment avec tant de passion, ils seront unis... mais l'instant de leur hymen sera celui de leur mort. Les deux amans se réjouissent d'éprouver le même sort, ils s'embrassent avec délire. Emma triomphe,

insulte à sa cruelle rivale... Mathilde, au dernier dé-
gré de la rage, tire son poignard, veut en frapper sa
victime, au même instant elle est foudroyée.

*Le théâtre change. On voit la Fortune au milieu
des nuages ; elle prend les amans sous sa protection
et fait célébrer leur hymen.*

Fin du troisième et dernier acte.

www.ingramcontent.com/pod-product-compliance
Lightning Source LLC
LaVergne TN
LVHW021818060726
842528LV00004B/1415